GEZONDE THEE

· heilzame en zuiverende thee en icetea ·

Fern Green
Fotografie door Deirdre Rooney

GEZONDE THEE

heilzame en zuiverende thee en icetea

BECHT

INHOUD

INLEIDING

Zelf thee maken is niet alleen leuk, het is ook erg lekker. Dit boek is voor iedereen die op natuurlijke wijze wil profiteren van de gezonde eigenschappen van kruiden, zonder toegevoegde stoffen, conserveringsmiddelen of kleurstoffen. Maar ook voor wie wel een keer iets anders wil drinken dan 'gewone' thee biedt dit boek veel inspiratie. Met gedroogde theeblaadjes, kruiden, specerijen en fruit maak je van het oude vertrouwde theemoment een heel nieuwe beleving.

Thee komt van oorsprong uit China en wordt al duizenden jaren gedronken. In de westerse wereld wordt thee doorgaans verdeeld in twee groepen: thee gemaakt van blaadjes van de theeplant en kruidenthee. De blaadjes van de theeplant, *Camellia sinensis*, worden gebruikt voor 'gewone' thee. Veel mensen zien deze thee niet als een kruid, maar dat is het eigenlijk wel. Kruidenthee wordt gemaakt door verse of gedroogde blaadjes, kruiden, bloemen, bessen, zaden, wortels, wortelstokken of boomschors te laten trekken in heet water. Deze thee bevat geen cafeïne.

Water is belangrijk

Water speelt een belangrijke rol bij het verhogen van de effectiviteit van de thee. Het is essentieel voor het lichaam voor de opname en verwerking van de voedingsstoffen in de thee; het water verdunt het kruid en geeft de gezonde eigenschappen door aan het lichaam.

Hoe je de beste thee maakt

Hoe zet je een perfecte kop thee? Als je je houdt aan de onderstaande stappen, kan het niet meer misgaan. Gebruik verse, biologische blaadjes of bloemen. Je kunt ook (in de schaduw) gedroogde kruiden gebruiken, mits ze niet ouder zijn dan 10 maanden.

- Spoel de kruiden, bloemen en blaadjes die uit de tuin komen voorzichtig schoon onder de kraan.
- Zorg dat de theepot goed schoon is en doe de ingrediënten erin.
- Kneus wortels en zaden om de essentiële oliën vrij te laten komen.
- Schenk kokend water in de theepot en doe het deksel er meteen op. Je kunt dezelfde ingrediënten voor nog 1 of 2 koppen gebruiken.
- Laat maximaal 5 minuten trekken. Schenk de thee door een zeefje in een glas of mok en drink langzaam op.

Trektijden

Deze kunnen variëren en zijn afhankelijk van wat voor (kruiden)thee je maakt. Dit is een algemene leidraad:

Witte thee – De puurste en minst bewerkte thee die er is. Wordt in de lucht gedroogd en is licht geoxideerd. Trekken: 1-3 minuten.

Oolong – Deels geoxideerd met een diepe, zoete, geurige smaak. Vergelijkbaar met zwarte thee. Trekken: 3-5 minuten.

Groene thee – Geroosterd, gestoomd of gedroogd om oxidatie te voorkomen en de kleur en grassmaak vast te houden. Trekken: 3-5 minuten.

Zwarte thee – De donkerste en sterkste thee die er is. Trekken: 3-5 minuten.

Pu-erh – Gerijpte en gefermenteerde thee die duurder is dankzij een langduriger productieproces. Trekken: 3-5 minuten.

Kruidenthee – Verse of gedroogde kruiden, specerijen en bloemen. Trekken: 3-5 minuten. Als je boomschors en zaden gebruikt: 5 minuten.

Gebruik alleen planten en kruiden voor de thee als je er zeker van bent dat je de juiste plant gebruikt.

Als thee goed kan uitzetten komt dit ten goede aan de werking en smaak. In een klein zakje gaat dit soms moeilijk. Gebruik daarom het liefst een ruim thee-ei of een grote mok of jampot om de thee in te laten trekken.

Benodigdheden

Bij thee gaat het om eenvoud. Toch zijn er heel veel theeaccessoires te koop. Voor een goede kop thee heb je eigenlijk maar een paar dingen nodig.

Waterkoker of pan

Als je alleen heet water nodig hebt, gebruik dan de waterkoker. Dit is de snelste en eenvoudigste manier om water te koken. Is het de bedoeling dat je de kruiden of specerijen meekookt, doe dit dan met een pan op het vuur.

Nylon theezeefje

Met een nylon theezeefje filter je gemakkelijk de losse theeblaadjes uit het gekookte water, met als resultaat een mooi heldere thee.

Theetang

Een thee-ei met een handige knijptang. Door in de tang te knijpen open je het filter zonder je vingers te branden zodat je het eenvoudig kunt vullen met losse kruiden of blaadjes.

Thee-ei

Verkrijgbaar bij de meeste natuurvoedings- en kookwinkels. Een metalen eivormig balletje aan een kettinkje met aan beide zijden gaatjes.

Theepot

Heel belangrijk, omdat alle thee moet trekken. Kan vervangen worden door een weckpot als de thee een nachtje in de koelkast moet trekken.

HOE MAAK JE THEE EN KRUIDENTHEE?

Zelf verse kruidenthee maken is heel leuk om te doen. Maak je thee van verse kruiden? Snijd dan de bloemetjes, steeltjes of blaadjes in kleine stukjes en schep 2 eetlepels verse kruiden in een glas of mok. Schenk er net-gekookt water over en laat trekken. Maak je thee van gedroogde kruiden dan heb je slechts 1 theelepel kruiden nodig. Maak je zelf een melange van losse thee en kruiden, bewaar het mengsel dan in een afgesloten potje. Kun je geen losse gedroogde thee vinden? Gebruik dan een kant-en-klaar theezakje. Doe per keer 1 theelepel in een thee-ei, schenk er net-gekookt water over en laat trekken. Let op: combineer je kruiden uit theezakjes met losse gedroogde kruiden, voeg dan wel extra gekookt water toe, zodat de thee niet te sterk wordt.

Onthoud

Als je verse kruiden gebruikt voor de thee, let dan op het volgende:

- Gebruik nooit kruiden die in het wild groeien, omdat je niet weet of ze zijn bespoten met pesticiden.
- Controleer of er geen andere plant om de stengel van het kruid heen groeit.
- Zorg ervoor dat je de juiste delen van het kruid gebruikt.
- Werk alleen met verse kruiden en was ze grondig voor gebruik.

Dagelijkse kruiden

Heb je een bepaald kruid 10 dagen lang gebruikt, las dan een pauze van 3-4 dagen in. Herhaal dit patroon. Kruiden zijn krachtiger dan je denkt en kunnen zich ophopen in ons lichaam. Het is goed om regelmatig af te wisselen en om een kruid steeds in kleine hoeveelheden te gebruiken. Thee is een prima manier om je voordeel te doen met de gezonde eigenschappen van natuurlijke planten. Kruiden kunnen zo veel verschil maken als het gaat om onze lichamelijke en geestelijke gezondheid; ze geven ons een goed gevoel en houden ons alert. Geniet ervan!

Wat is een heilzame thee?

Heilzame thee bevat veel geconcentreerde voedingsstoffen die het lichaam kunnen versterken en energie kunnen geven. Van oudsher worden kruiden- en specerijenmengsels al aangewend voor verschillende uiteenlopende kwaaltjes. De heilzame drankjes in dit boek worden op dezelfde manier bereid als gewone thee, maar dan met een hogere concentratie verse of gedroogde kruiden en specerijen. Drink dit soort thee in kleinere hoeveelheden gedurende de dag.

Wat is een zuiverende longdrink?

Een zuiverende longdrink of cleanser is een drankje op basis van fruit en kruiden dat helpt bij het reinigen van het lichaam. Dit soort drankjes versterken het immuunsysteem, reinigen het bloed en geven je lijf een flinke opkikker. Je maakt ze door een mengsel van kruiden en fruit een nacht te laten weken in de koelkast.

GOEDE EIGENSCHAPPEN VAN BLOEMEN & KRUIDEN

Hier is een beknopte lijst van ingrediënten die zich lenen voor gebruik in thee, kruidenthee en cleansers, en hun goede eigenschappen.

Frambozenblad – Een prima kruid voor energie, bevat veel vitaminen en mineralen.

Gember – Antihistaminicum en ontstekingsremmend. Werkt tegen wagenziekte en geeft extra smaak.

Groene thee – Is minder bewerkt en bevat daardoor meer antioxidanten, vooral catechine die celbeschadigingen helpen te voorkomen. Verlaagt schadelijke cholesterol, geeft de stofwisseling een boost en kan een ontspannend en kalmerend effect hebben.

Kamperfoelie – Wordt veel in de Chinese geneeskunde gebruikt en staat erom bekend dat het gifstoffen en hitte uit het lichaam kan verdrijven. Een prima antibacteriële bloem die ook wordt gebruikt in de behandeling van hoest.

Kaneel – Helpt het cholesterolgehalte te verlagen en bevat antioxidanten. Verlicht symptomen van artritis.

Olijfblad – Boordevol antioxidanten en vitamine C. De antibacteriële eigenschappen ondersteunen de natuurlijke verdediging van het lichaam. Goed voor de algehele gezondheid.

Oolong thee – Bevat deels geoxideerde blaadjes en combineert daarmee de voordelen van zwarte en groene thee met een fruitige smaak. Helpt bij het afvallen en bevat hoge concentraties cafeïne.

Pepermunt – Helpt bij het verlichten van pijn, hoofdpijn en spanningen.

Rode klaver – Reinigt het bloed en werkt als zuiveraar. Pakt zware metalen en chemische gifstoffen in het lichaam aan, bijvoorbeeld na medicijngebruik.

Rooibos – Is van nature cafeïnevrij. Bevat de twee natuurlijke flavonoïden rutine en quercetine, die voorkomen dat histamine vrijkomt (een stof die ons lichaam produceert als reactie op allergenen). Rooibosthee kan ook helpen bij huidirritaties.

Rozemarijn – Helpt bij de vertering van vetten, wat goed is voor de bloedsomloop en het hart.

Salie – Zorgt voor extra spijsverteringsenzymen en stimuleert de lever. Helpt ook het bloedsuikerniveau laag te houden.

Vanille & anijs – Voor als je trek hebt in iets zoets. Ze zijn goed voor je humeur, bevatten veel antioxidanten en hebben een kalmerende en verzachtende invloed op de maag.

Witte thee – Is het minst bewerkt en bevat de minste cafeïne. Heeft antibacteriële eigenschappen en kan helpen het cholesterolgehalte en de bloeddruk te verlagen.

Zwarte thee – Komt van dezelfde plant als groene thee, met als verschil dat het geplukte blad veel langer is blootgesteld aan zuurstof (oxidatie) waardoor het blad uiteindelijk zwart is gekleurd. Eigenschappen zijn: een lager risico op hartziektes, een versterkt immuunsysteem en een beter gereguleerd bloedsuikerniveau.

Gedroogd
frambozenblad
Zwarte thee
Rode klaver
Gember
Rooibosthee
Kaneel
Kamperfoelie
Rozemarijn
Groene thee
Pepermunt
Salie
Anijs
Vanille
Olijfblad
Oolong thee
Witte thee

GEDROOGDE THEE

Een selectie van groene, zwarte, oolong, witte en rooibosthee, met toegevoegde verse kruiden en specerijen. Gebruik waar mogelijk losse thee.

Groene thee met munt & citroenverbena
Zwarte thee, koriander & sinaasappelschil
Oolong & citroen • Witte thee met vanille
Rooibos, gember & citroenmelisse
Pepermunt & lijnzaad
Gember & citroen • Karwij & venkel
Kardemom, (aar)munt & sinaasappelschil
Kaneel & komijn • Kamille & piment
Gember, pu-erh & limoen
Rode klaver & pepermunt
Paardenbloem & limoenschil
Smeerwortel & kardemom
Gerst, cranberry & sinaasappel
Boekweit & anijs • Lindebloesem & lavendel
Lindebloesem & citroen • Groene thee & jasmijn
Brandnetelthee met sinaasappel
Olijfblad & saffraan • Perzik-rooibos icetea
Frambozenblad icetea
Groene icetea met aardbeien
Zwarte icetea met sinaasappel
Witte icetea met perzik
Icetea met rode klaver & yuzu

GROENE THEE MET MUNT & CITROENVERBENA

Voor: 1 – Trekken: 3 minuten

INGREDIËNTEN

1 theelepel groene thee of 1 theezakje • handje gedroogde munt
handje gedroogde citroenverbena • 1 theelepel citroensap
1 theelepel honing, om de thee zoeter te maken (als je wilt)

Groene thee ondersteunt het herstel van celbeschadigingen en helpt bij chronische hoest, verkoudheid en een zere keel.

I *Boost voor het immuunsysteem* V *Vochtafdrijvend* G *Genezend*

Schenk 250 ml kokend water over de eerste vier ingrediënten en laat 3 minuten trekken.
Giet door een zeefje in een glas, voeg de honing toe als je dat wilt, roer en drink langzaam op.

ZWARTE THEE, KORIANDER & SINAASAPPELSCHIL

Voor: 1 – Trekken: 4 minuten

INGREDIËNTEN

1 theelepel zwarte thee of 1 theezakje
½ theelepel korianderzaadjes, licht gekneusd • 5 cm sinaasappelschil
1 theelepel honing, om de thee zoeter te maken (als je wilt)

Zwarte thee kan helpen bij het verminderen van vaatvernauwing.

I *Boost voor het immuunsysteem* B *Botversterkend* H *Goed voor je humeur*

Schenk 250 ml kokend water over de thee, korianderzaadjes en sinaasappelschil en laat 4 minuten trekken. Giet door een zeefje in een glas, voeg honing toe als je dat wilt, roer en drink langzaam op.

OOLONG & CITROEN

Voor: 1 – Trekken: 3 minuten

INGREDIËNTEN

1 theelepel oolong thee of 1 theezakje • 5 cm citroenschil
1 theelepel citroensap
1 theelepel honing, om de thee zoeter te maken (als je wilt)

Oolong thee kan de tanden beschermen tegen gaatjes en helpt obesitas en stress te verminderen. Citroen werkt vochtafdrijvend en heeft een hoog vitaminegehalte.

BZ *Bloedzuiverend* OR *Ontstekingsremmend* B *Botversterkend*

Schenk 250 ml kokend water over de thee en citroenschil en laat 3 minuten trekken. Giet door een zeefje in een glas, voeg honing toe als je dat wilt, roer en drink met kleine slokjes.

WITTE THEE MET VANILLE

Voor: 1 – Trekken: 5 minuten

INGREDIËNTEN

1 theelepel witte thee of 1 theezakje • 1 theelepel vanille-extract
¼ theelepel kaneel • ¼ theelepel gedroogde jasmijn

Witte thee bevat antioxidanten en heeft verjongende eigenschappen: het helpt bij het behouden van een goede gezondheid en gezonde huid. Jasmijn helpt bij het verlichten van angsten en spanningen.

S *Goed voor de spijsvertering* O *Ontspannend* ZL *Zuivert de lever*

Schenk 250 ml kokend water over de ingrediënten en laat 5 minuten trekken. Giet door een zeefje in een glas en drink met kleine slokjes.

ROOIBOS, GEMBER & CITROENMELISSE

Voor: 1 – Trekken: 4 minuten

INGREDIËNTEN

1 theelepel rooibosthee of 1 theezakje • 3 dunne plakjes verse gember
1 theelepel gedroogde citroenmelisse • 1 plakje citroen
3 kruidnagels • 1 theelepel citroensap
1 theelepel honing, om de thee zoeter te maken (als je wilt)

Rooibos kan spanningen verlichten, misselijkheid verhelpen en allergieën verzachten.

O *Ontspannend* J *Verjongend* OG *Ontgift*

Schenk 250 ml kokend water over de rooibosthee, gember, citroenmelisse, het plakje citroen en de kruidnagels. Laat 4 minuten trekken. Giet door een zeefje in een glas, voeg het citroensap en eventueel de honing toe. Langzaam opdrinken.

PEPERMUNT & LIJNZAAD

Voor: 1 – Trekken: 5-8 minuten

INGREDIËNTEN

120 g lijnzaad, gekneusd • 5 cm citroenschil • takje pepermunt van 5 cm
2 theelepels honing • 2 plakjes citroen • sap van ½ citroen

Deze thee is goed bij blaasontsteking – drink 7 dagen lang 2 koppen per dag.

S *Goed voor de spijsvertering* **NL** *Zuivert nieren en lever* **K** *Kalmerend*

Schenk 250 ml kokend water over het lijnzaad, de citroenschil en het takje munt. Laat 5-8 minuten trekken en giet door een zeefje in een glas. Voeg honing toe en roer door. Doe het citroensap en de plakjes citroen erbij en drink met kleine slokjes op.

GEMBER & CITROEN

Voor: 1 – Trekken: 5 minuten

INGREDIËNTEN

60 g gember, geschild en in dunne plakjes • 5 cm citroenschil
½ eetlepel citroensap • 2 theelepels honing
¼ theelepel cayennepeper (als je wilt – vooral goed bij verkoudheid)

Deze thee is heel goed als je verkouden bent of last hebt van je keel; cayennepeper heeft een sterk antiseptische werking. Drink met kleine slokjes 2 dagen lang 3 koppen per dag.

BO *Goed voor de bloedsomloop* K *Kalmerend* OR *Ontstekingsremmend*

Schenk 250 ml kokend water over de gember en kneus de gember met een theelepel. Laat 5 minuten trekken. Giet door een zeefje in een glas, voeg de rest van de ingrediënten toe en roer goed door. Met kleine slokjes opdrinken.

KARWIJ & VENKEL

Voor: 1 – Trekken: 5 minuten

INGREDIËNTEN

2 theelepels karwijzaad • 1 theelepel venkelzaad • 5 cm citroenschil
2 theelepels honing • snufje piment • 1 theelepel gedroogde citroenmelisse

Deze thee geeft verlichting bij stress en spanning. Karwijzaad is goed voor de spijsvertering en venkel ontgift en reinigt.

A *Vermindert angsten* A *Goed voor de spijsvertering* ZN *Zuivert de nieren*

Doe alle ingrediënten, behalve de citroenmelisse, in een pan en schenk er 250 ml water bij. Breng aan de kook en laat 5 minuten zacht koken. Giet door een zeefje in een glas en voeg de citroenmelisse toe. Met kleine slokjes opdrinken.

KARDEMOM, (AAR)MUNT & SINAASAPPELSCHIL

Voor: 1 – Trekken: 5 minuten

INGREDIËNTEN

1 theelepel groene thee of 1 theezakje
3 groene kardemompeulen, gekneusd • 5 cm sinaasappelschil
2 theelepels gedroogde kamillebloemen • 1 vers takje (aar)munt

Kardemom is goed voor de spijsvertering, vooral als je het na de maaltijd neemt. Kamille heeft kalmerende eigenschappen.

S *Goed voor de spijsvertering* K *Kalmerend* OR *Ontstekingsremmend*

Schenk 250 ml kokend water over alle ingrediënten en laat 5 minuten trekken. Giet door een zeefje in een glas en drink met kleine slokjes op.

KANEEL & KOMIJN

Voor: 1 – Trekken: 5 minuten

INGREDIËNTEN

1 pijpje kaneel • 1 theelepel karwijzaad • ½ theelepel komijnzaadjes

Deze thee is een prima slaapmutsje en kan menopauzeklachten verlichten.

S *Goed voor de spijsvertering* AB *Antibacterieel* O *Ontspannend*

Schenk 250 ml kokend water over alle ingrediënten en laat 5 minuten trekken. Giet door een zeefje in een glas en drink met kleine slokjes op.

KAMILLE & PIMENT

Voor: 1 – Trekken: 5 minuten

INGREDIËNTEN

1 theelepel gedroogde kamillebloemen • 1 theelepel gedroogde citroenmelisse
3 pimentbessen, gekneusd • ½ theelepel honing

Je kunt kamillethee ook gebruiken om mee te gorgelen als je last hebt van bloedend tandvlees en zweertjes in de mond.

O *Ontspannend* K *Kalmerend* OR *Ontstekingsremmend*

Schenk 250 ml kokend water over de ingrediënten, behalve de honing, en laat 5 minuten trekken. Giet door een zeefje in een glas, roer de honing erdoor en drink met kleine slokjes op.

GEMBER, PU-ERH & LIMOEN

Voor: 1 – Trekken: 5 minuten

INGREDIËNTEN

1 theelepel pu-erh thee of 1 theezakje (natuurvoedingswinkel)
60 g gember, geschild en in dunne plakjes • 5 cm limoenschil
sap van ½ limoen

Pu-erh thee bevat antioxidanten en kan helpen het cholesterolgehalte en de bloeddruk te verlagen en het bloedsuikerniveau te stabiliseren.

BO *Goed voor de bloedsomloop* OR *Ontstekingsremmend* K *Kalmerend*

Schenk 250 ml kokend water over de pu-erh thee, gember en limoenschil en laat 5 minuten trekken. Giet door een zeefje in een glas, roer het limoensap erdoor en drink met kleine slokjes op.

RODE KLAVER & PEPERMUNT

Voor: 1 - Trekken: 5 minuten

INGREDIËNTEN

1 theelepel gedroogde rode klaver • 4 takjes verse pepermunt

Klaver kun je gebruiken bij de behandeling van constipatie.
Munt is goed om alert en helder te blijven.

OR *Ontstekingsremmend* S *Goed voor de spijsvertering* ZL *Zuivert de lever*

Schenk 250 ml kokend water over de ingrediënten en laat 5 minuten trekken. Giet door een zeefje in een glas en drink langzaam op.

PAARDENBLOEM & LIMOENSCHIL

Voor: 1 – Trekken: 5 minuten

INGREDIËNTEN

1 theelepel gedroogd paardenbloemblad • 5 cm limoenschil
1 theelepel honing

Paardenbloem brengt op een natuurlijke wijze je vochthuishouding in balans en kan constipatie en een opgeblazen gevoel doen verdwijnen.

V *Vochtafdrijvend* Z *Zuiverend* S *Goed voor de spijsvertering*

Schenk 250 ml kokend water over het paardenbloemblad en de limoenschil en laat 5 minuten trekken. Giet door een zeefje in een glas, roer de honing erdoor en drink met kleine slokjes op.

SMEERWORTEL & KARDEMOM

Voor: 1 – Trekken: 5 minuten

INGREDIËNTEN

1 theelepel gedroogde smeerwortelblaadjes
1 theelepel gedroogde rozenblaadjes • 3 groene kardemompeulen, gekneusd
1 theelepel ciderazijn

Rozenblaadjes helpen te ontspannen en smeerwortel is een van de krachtigste helende planten. Drink deze thee niet meer dan 10 dagen achtereen.

B *Botversterkend* H *Huidherstellend* V *Vochtafdrijvend*

Schenk 250 ml kokend water over de smeerwortel, rozenblaadjes en kardemom en laat 5 minuten trekken. Giet door een zeefje in een glas, roer de azijn erdoor en drink met kleine slokjes op.

GERST, CRANBERRY & SINAASAPPEL

Voor: 1 – Trekken: 2 minuten

INGREDIËNTEN

60 g geroosterde gerst (mugicha bij de Japanse winkel, of orzo bij de Italiaanse delicatessezaak) • 1 eetlepel gedroogde cranberry's, in stukjes
5 cm sinaasappelschil

Gerst is goed voor je als het warm is, omdat het het lichaam afkoelt.

OR *Ontstekingsremmend* OG *Ontgift* ZN *Zuivert de nieren*

Doe de gerst met 450 ml water in een pan, breng aan de kook en kook 6 minuten. Giet door een kaasdoek die in een zeef ligt in een schaal. Doe weer terug in de pan, voeg cranberry's en sinaasappelschil toe en breng weer aan de kook. Laat 2 minuten zacht koken. Dit is genoeg voor 2 koppen thee. Giet door een zeefje in een glas en bewaar de rest in de koelkast, voor later.

BOEKWEIT & ANIJS

Voor: 1 – Trekken: 8 minuten

INGREDIËNTEN

1 theelepel geroosterde boekweit • 1 theelepel anijszaad, licht gekneusd

Boekweit kan helpen bij het stabiliseren van het bloedsuikerniveau.

S *Goed voor de spijsvertering* K *Kalmerend* V *Vochtafdrijvend*

Schenk 250 ml kokend water over de boekweit en anijs en laat 8 minuten trekken. Giet door een zeefje in een glas en drink langzaam op.

LINDEBLOESEM & LAVENDEL

Voor: 1 – Trekken: 5 minuten

INGREDIËNTEN

1 theelepel gedroogde lindebloesem • 2 dunne plakjes gember
1 theelepel gedroogde lavendel • 1 groene kardemompeul
1 theelepel honing

Deze kalmerende thee helpt je te ontspannen, werkt stressverlagend en verlicht spierspanningen en spasmes.

O *Ontspannend* AB *Antibacterieel* S *Goed voor de spijsvertering*

Schenk 250 ml kokend water over de ingrediënten, behalve de honing, en laat 5 minuten trekken. Giet door een zeefje in een glas, roer de honing erdoor en drink met kleine slokjes op.

LINDEBLOESEM & CITROEN

Voor: 1 – Trekken: 5 minuten

INGREDIËNTEN

1 theelepel gedroogde lindebloesem • sap van ½ citroen
5 cm citroenschil • 1 theelepel honing

Lindebloesem geeft verlichting bij spijsverteringsklachten.

K *Kalmerend* V *Vochtafdrijvend* Z *Zuiverend*

Schenk 250 ml kokend water over de lindebloesem, het citroensap en de citroenschil en laat 5 minuten trekken. Giet door een zeefje in een glas, roer de honing erdoor en drink met kleine slokjes op.

GROENE THEE & JASMIJN

Voor: 1 – Trekken: 3-5 minuten

INGREDIËNTEN

1 theelepel groene thee of 1 theezakje • 1 theelepel gedroogde jasmijn
3 kruidnagels • sap van ½ citroen • 1 theelepel honing • 5 cm citroenschil

Deze thee is goed na de maaltijd omdat deze helpt bij de spijsvertering. Drink geen jasmijnthee tijdens de zwangerschap.

K *Kalmerend* A *Vermindert angsten* I *Boost voor het immuunsysteem*

Schenk 250 ml kokend water over de groene thee, jasmijn en kruidnagels en laat 3-5 minuten trekken, terwijl je de thee af en toe doorroert. Giet door een zeefje in een glas, voeg het citroensap, de honing en citroenschil toe, roer goed en drink met kleine slokjes op.

BRANDNETELTHEE MET SINAASAPPEL

Voor: 1 – Trekken: 3 minuten

INGREDIËNTEN

1 theelepel gedroogde brandnetel of 1 theezakje • 5 cm sinaasappelschil
1 theelepel honing • 1 schijfje sinaasappel

Brandnetelthee kan verlichting geven bij symptomen van artritis.

I *Boost voor het immuunsysteem* H *Huidherstellend* BN *Bevordert de nierfunctie*

Schenk 250 ml kokend water over de brandnetel en sinaasappelschil en laat 3 minuten trekken. Giet door een zeefje in een glas, roer de honing erdoor, voeg het schijfje sinaasappel toe en drink langzaam op.

OLIJFBLAD & SAFFRAAN

Voor: 1 – Trekken: 6 minuten

INGREDIËNTEN

1 theelepel gedroogd olijfblad of 1 theezakje • snufje saffraanpoeder
1 theelepel honing

Olijfblad kan helpen bij het verlagen van het bloedsuikerniveau, wat van pas komt bij diabetes.

E *Geeft energie* **I** *Boost voor het immuunsysteem* **BO** *Goed voor de bloedsomloop*

Schenk 250 ml kokend water over de olijfblaadjes en saffraan en laat 6 minuten trekken. Giet door een zeefje in een glas, roer de honing erdoor en drink langzaam op.

PERZIK-ROOIBOS ICETEA

Voor: 2 – Trekken: 3 minuten

INGREDIËNTEN

1 theelepel rooibosthee of 1 theezakje • 250 ml vers perziksap • 1 plakje perzik
1 schijfje citroen • 2 takjes verse munt • ijsblokjes

Deze thee bevat koper, wat het lichaam kan helpen bij de opname van ijzer.

RM *Rijk aan mineralen* AO *Antioxidanten* BO *Goed voor de bloedsomloop*

Schenk 250 ml kokend water over de rooibosthee en laat 3 minuten trekken. Giet door een zeefje in een glas en laat afkoelen. Roer het perziksap, de perzik, citroen en munt erdoor en voeg het ijs toe.

FRAMBOZENBLAD ICETEA

Voor: 1 – Trekken: 4 minuten

INGREDIËNTEN

1 theelepel gedroogd frambozenblad of 1 theezakje • 18 frambozen
2 kruidnagels • 1 pijpje kaneel • 5 cm citroenschil • 2 plakjes komkommer
1 takje verse munt • 1 theelepel honing (als je wilt) • ijsblokjes

Frambozenblad is vooral bekend als hulpmiddel voor vrouwen die moeten bevallen omdat het de baarmoeder stimuleert. Drink dit niet in de eerste maanden van de zwangerschap.

S *Goed voor de spijsvertering* BN *Bevordert de nierfunctie*
ZK *Helpt bij zere keel*

Schenk 250 ml kokend water over de frambozenblaadjes, 6 frambozen, kruidnagels en kaneel. Voeg de citroenschil toe en roer erdoor. Laat 5 minuten trekken. Giet door een zeefje in een glas en laat afkoelen. Schenk in een blender met de rest van de frambozen, komkommer en munt. Pureer, giet door een zeef, roer er eventueel honing door en voeg de ijsblokjes toe.

GROENE ICETEA MET AARDBEIEN

Voor: 1 – Trekken: 3 minuten + 8 minuten koken

INGREDIËNTEN

1 theelepel groene thee of 1 theezakje • 5 cm citroenschil
6 aardbeien, kroontjes eraf, in vieren • 1 theelepel honing • ijsblokjes

Deze thee is goed voor je hart en helpt bij het verlagen van je cholesterolgehalte.

AO *Antioxidanten* V *Vochtafdrijvend* G *Genezend*

Schenk 250 ml kokend water over de groene thee en laat 3 minuten trekken. Giet door een zeefje, voeg de citroenschil toe en laat afkoelen. Doe de aardbeien in een pan met 2 eetlepels water en de honing. Kook 8 minuten tot de aardbeien zacht zijn. Giet door een zeef in een glas, schenk de afgekoelde thee erover en maak af met ijsblokjes.

ZWARTE ICETEA MET SINAASAPPEL

Voor: 1 – Trekken: 4 minuten

INGREDIËNTEN

1 theelepel zwarte thee of 1 theezakje • 2 reepjes van 5 cm sinaasappelschil
1 pijpje kaneel • sap van ½ sinaasappel • 1 theelepel honing • ijsblokjes

Zwarte thee bevat andere antioxidanten dan groente en fruit en biedt daardoor weer andere voordelen.

E *Geeft energie* SV *Stressverlagend* S *Goed voor de spijsvertering*

Schenk 250 ml kokend water over de zwarte thee, sinaasappelschil en kaneel. Laat 4 minuten trekken, giet door een zeefje, roer het sinaasappelsap en de honing erdoor en laat afkoelen. Is de thee helemaal koud, giet deze dan door een zeefje in een glas met wat ijsblokjes erin.

WITTE ICETEA MET PERZIK

Voor: 1 – Trekken: 4 minuten

INGREDIËNTEN

1 theelepel witte thee of 1 theezakje • 2,5 cm gember, geschild en gekneusd
sap van ½ citroen • 1 theelepel honing
1 perzik, geschild, pit eruit en in blokjes • 1 takje verse munt • ijsblokjes

Witte thee heeft antibacteriële eigenschappen die het lichaam kunnen beschermen tegen verschillende infectie-veroorzakende bacteriën. Perziken bevatten veel vitaminen en vezels.

Z *Zuiverend* R *Rehydraterend* S *Goed voor de spijsvertering*

Schenk 250 ml kokend water over de witte thee. Laat 4 minuten trekken, giet door een zeefje, roer en laat helemaal afkoelen. Roer de gember, het citroensap en de honing door elkaar. Schep de blokjes perzik erdoor en doe dit mengsel in een glas. Schenk de afgekoelde thee erover, voeg de munt toe en doe er wat ijsblokjes bij.

ICETEA MET RODE KLAVER & YUZU

Voor: 1 – Trekken: 5 minuten

INGREDIËNTEN

1 theelepel rode-klaverthee of 1 theezakje • 2 takjes munt
sap en geraspte schil van ½ citroen • 1 theelepel honing
2 druppels yuzusap (eventueel te vervangen door grapefruit- of citroensap)
ijsblokjes

Bij psoriasis, eczeem of zonnebrand kun je afgekoelde rode-klaverthee gebruiken als huidlotion. Yuzu bevat veel antioxidanten en vitamine C.

OR *Ontstekingsremmend* S *Goed voor de spijsvertering*
I *Boost voor het immuunsysteem*

Schenk 250 ml kokend water over de klaverthee. Laat 5 minuten trekken en giet door een zeefje in een glas. Voeg munt, citroensap en -schil, honing en yuzu toe en laat helemaal afkoelen. Roer door, giet door een zeefje in een glas met wat ijsblokjes erin.

VERSE KRUIDENTHEE

Stel je eigen thee samen met verse kruiden en wilde bloemen die je zelf gekweekt hebt in eigen tuin of vensterbank.

Kamperfoelie • Laurier, kaneel & sinaasappel
Wilde cichorei & sinaasappel
Granaatappelschil & kardemom
Salie & kruidnagel • Kattenkruid & citroenverbena
Selderij & venkel • Rozemarijn
Klaver, honing & citroen • Venkel & basilicum
Munt & citroenverbena • Lavendel & gember
Citroenverbena • Majoraan & basilicum
Peterselie & selderij • Vers olijfblad & kaneel
Icetea met basilicum & ananas

KAMPERFOELIE

Voor: 1 – Trekken: 5 minuten

INGREDIËNTEN

1 handvol kamperfoeliebloemen en -blaadjes • 1 theelepel honing

Kamperfoelie kan helpen bij de behandeling van hoest en milde astma.

AB *Antibacterieel* OG *Ontgift* K *Kalmerend*

Schenk 250 ml kokend water in een theepot over de kamperfoelie en honing en laat 5 minuten trekken. Roer door, giet door een zeefje in een glas en drink langzaam op.

LAURIER, KANEEL & SINAASAPPEL

Voor: 1 – Trekken: 5 minuten

INGREDIËNTEN

2 laurierblaadjes • 2,5 cm sinaasappelschil • snufje kaneel
½ schijfje sinaasappel

Laurierblad kan helpen als je hoofdpijn hebt.

OR *Ontstekingsremmend* R *Rehydraterend* S *Goed voor de spijsvertering*

Schenk 250 ml kokend water over de laurierblaadjes, kaneel en sinaasappelschil. Laat 5 minuten trekken. Giet door een zeefje in een glas, voeg het schijfje sinaasappel toe, roer en drink langzaam op.

WILDE CICHOREI & SINAASAPPEL

Voor: 1 – Trekken: 5 minuten

INGREDIËNTEN

1 handje blaadjes en bloemen van de wilde cichorei • 5 cm sinaasappelschil
½ theelepel honing

Cichorei bevat vitamine B, C, K en flavonoïden.

BZ *Bloedzuiverend* BZ *Zuivert de lever* RS *Regelt de stofwisseling*

Schenk 250 ml kokend water over de ingrediënten en laat 5 minuten trekken. Giet door een zeefje in een glas, roer en drink langzaam op.

GRANAATAPPELSCHIL & KARDEMOM

Voor: 1 – Trekken: 5 minuten

INGREDIËNTEN

5 cm sinaasappelschil
• ½ kleine granaatappel, in 4 of 5 stukjes gescheurd, inclusief de pitjes
1 kardemompeul, gekneusd • 1 theelepel groene thee of 1 theezakje

De schil van een granaatappel bevat grote hoeveelheden antioxidanten en vitamine C.

OG *Ontgift* RV *Rijk aan vitaminen* H *Goed voor de huid*

Schenk 250 ml kokend water over de ingrediënten en laat 5 minuten trekken. Giet door een zeefje in een glas, roer en drink langzaam op.

SALIE & KRUIDNAGEL

Voor: 1 – Trekken: 5 minuten

INGREDIËNTEN

10 kruidnagels, licht gekneusd • 4 verse salieblaadjes • 1 theelepel honing
1 plakje citroen

Deze thee helpt het geheugen en is dus goed in examentijd of bij het leren van een proefwerk.

O *Ontspannend* S *Goed voor de spijsvertering* K *Kalmerend*

Schenk 250 ml kokend water over de kruidnagels en salie en laat 5 minuten trekken. Giet door een zeefje in een glas, voeg honing en citroen toe en roer. Langzaam opdrinken.

KATTENKRUID & CITROENVERBENA

Voor: 1 – Trekken: 5 minuten

INGREDIËNTEN

takje van 5 cm vers kattenkruid • takje van 5 cm verse citroenverbena
2 groene kardemompeulen, gekneusd • 1 theelepel honing • snufje kaneel

Kattenkruid heeft een sterke geur en helpt bij maagklachten.

K *Kalmerend* S *Goed voor de spijsvertering* RV *Rijk aan vitaminen*

Doe het kattenkruid, de citroenverbena en kardemom in een theepot en schenk er 250 ml kokend water over. Laat 5 minuten trekken. Giet door een zeefje in een glas, roer de honing erdoor, bestrooi met kaneel en drink langzaam op.

SELDERIJ & VENKEL

Voor: 1 – Trekken: 5 minuten

INGREDIËNTEN

3 selderijblaadjes • ¼ theelepel venkelzaad • 1 theelepel selderijzaad
1 theelepel honing • sap van ½ citroen

Selderij helpt bij het uitdrijven van gifstoffen.

B *Botversterkend* OG *Ontgift* Z *Zuiverend*

Schenk 250 ml kokend water over de ingrediënten en laat 5 minuten trekken. Giet door een zeefje in een glas, roer en drink langzaam op.

ROZEMARIJN

Voor: 1 – Trekken: 5 minuten

INGREDIËNTEN

takje van 5 cm verse rozemarijn • 5 cm sinaasappelschil • 4 kruidnagels
1 theelepel honing • 1 theelepel citroensap

Rozemarijn is een prima kruid bij depressie en angsten.

GE *Geeft energie* **OR** *Ontstekingsremmend* **J** *Verjongend*

Schenk 250 ml kokend water over de ingrediënten en laat 5 minuten trekken. Giet door een zeefje in een glas, roer en drink langzaam op.

KLAVER, HONING & CITROEN

Voor: 1 – Trekken: 5 minuten

INGREDIËNTEN

5 verse klaverbloemen • 1 theelepel honing • sap van ½ citroen

Hoewel de bloemen roze zijn, heet het plantje rode klaver. Het heeft naar verluidt een positief effect op de vruchtbaarheid, mits je het gedurende een langere periode regelmatig drinkt.

Z *Zuiverend* K *Kalmerend* J *Verjongend*

Schenk 250 ml kokend water over de ingrediënten en laat 5 minuten trekken. Giet door een zeefje in een glas, roer en drink langzaam op.

VENKEL & BASILICUM

Voor: 1 – Trekken: 5 minuten

INGREDIËNTEN

1 eetlepel vers venkelgroen • 1 theelepel venkelzaad
4 verse basilicumblaadjes • 1 theelepel ciderazijn

Venkel heeft een vochtafdrijvende en zuiverende werking.

OG *Ontgift* S *Goed voor de spijsvertering* V *Vochtafdrijvend*

Schenk 250 ml kokend water over de ingrediënten en laat 5 minuten trekken. Giet door een zeefje in een glas, roer en drink langzaam op.

MUNT & CITROENVERBENA

Voor: 1 – Trekken: 5 minuten

INGREDIËNTEN

1 eetlepel verse muntblaadjes • 1 eetlepel verse citroenverbenablaadjes

Munt heeft een positieve invloed op de spijsvertering.

OG *Ontgift* ZL *Zuivert de lever* S *Stimuleert*

Doe de blaadjes in een theepot en schenk er 250 ml kokend water over. Laat 5 minuten trekken. Giet door een zeefje in een glas, roer en drink langzaam op.

LAVENDEL & GEMBER

Voor: 1 – Trekken: 5 minuten

INGREDIËNTEN

2,5 cm gember, geschild en in plakjes • 2 verse takjes lavendel
3 kardemompeulen, licht gekneusd • 1 theelepel honing

Lavendel kan helpen bij slaapproblemen en angstgevoelens.

O *Ontspannend* J *Verjongend* H *Goed voor je humeur*

Doe de gember, lavendel en kardemom in een theepot en schenk er 250 ml kokend water over. Laat 5 minuten trekken. Giet door een zeefje in een glas, roer de honing erdoor en drink langzaam op.

CITROENVERBENA

Voor: 1 – Trekken: 4 minuten

INGREDIËNTEN

2,5 cm gember, geschild en in plakjes • 60 g verse citroenverbenablaadjes
5 cm citroenschil • 1 theelepel honing

Citroenverbena is een prima kruid als je gespannen bent.

S *Goed voor de spijsvertering* H *Goed voor je humeur* K *Kalmerend*

Doe de gember, citroenverbena en citroenschil in een theepot en schenk er 250 ml kokend water over. Laat 4 minuten trekken. Giet door een zeefje in een glas, roer de honing erdoor en drink langzaam op. Ook lekker koud, met wat ijsblokjes erin.

MAJORAAN & BASILICUM

Voor: 1 – Trekken: 5 minuten

INGREDIËNTEN

2 verse (paarse) basilicumblaadjes • 1 eetlepel verse majoraanblaadjes
1 theelepel honing • 1 theelepel citroensap

Majoraan zorgt voor een heerlijke thee die verkwikkend werkt en pijn kan verlichten.

H *Goed voor je humeur* S *Goed voor de spijsvertering* VA *Verlicht de ademhaling*

Schenk 250 ml kokend water over de basilicum- en de majoraanblaadjes. Voeg de honing en citroensap toe en laat 5 minuten trekken. Giet door een zeefje in een glas, roer en drink langzaam op.

PETERSELIE & SELDERIJ

Voor: 1 – Trekken: 5 minuten

INGREDIËNTEN

60 g verse bladpeterselie • 60 g verse selderijblaadjes • takje van 5 cm verse tijm
1 theelepel lichtgekneusde korianderzaadjes • 1 plakje citroen

Een vochtafdrijvend drankje dat ook goed is om 's morgens te nemen als je de avond ervoor hebt gedronken.

RV *Rijk aan vitaminen* ZN *Zuivert de nieren* OG *Ontgift*

Schenk 250 ml kokend water over de ingrediënten en laat 5 minuten trekken. Giet door een zeefje in een glas, roer en drink langzaam op.

VERS OLIJFBLAD & KANEEL

Voor: 1 – Trekken: 5 minuten

INGREDIËNTEN

60 g verse olijftakjes • 2 theelepels ciderazijn • 1 pijpje kaneel

Olijfblaadjes kunnen het immuunsysteem een flinke boost geven.

BO *Goed voor de bloedsomloop* **RB** *Reguleert het bloed* **E** *Geeft energie*

Doe de olijftakjes in een theepot en schenk er 250 ml kokend water over. Laat 5 minuten trekken. Giet door een zeefje in een glas en voeg de azijn toe. Roer met het pijpje kaneel om een subtiele smaak toe te voegen. Langzaam opdrinken.

ICETEA MET BASILICUM & ANANAS

Voor: 1 – Trekken: 3 minuten

INGREDIËNTEN

60 g verse basilicumblaadjes • schijf ananas van 2 cm dik, geschild
6 dunne plakjes ongeschilde komkommer • ijsblokjes

Basilicumthee heeft een zuiverende werking en is dus bijzonder geschikt om na de maaltijd te drinken.

Z *Zuiverend* BZ *Bloedzuiverend* OR *Ontstekingsremmend*

Schenk 250 ml kokend water over de basilicumblaadjes en laat 3 minuten trekken. Giet door een zeefje en laat afkoelen. Pureer ondertussen in de blender de ananas en komkommer met het ijs. Giet in een glas, schenk de basilicumthee erover en dien op.

HEILZAME THEE

Deze kruidentheetjes geven energie, zijn verfrissend en heilzaam. Ze bevatten gezonde eigenschappen en werken bij verschillende kwaaltjes. Ze zijn gemaakt met verse ingrediënten, hebben een sterke smaak en moeten langzaam worden gedronken.

Klaver, citroen & salie
Groene thee met citroenschil • Citroen
Majoraan & gember • Munt, karwij & venkel
Nootmuskaat & gember • Oregano & gember
Rozenbottel & kaneel • Rozemarijn & honing
Salie & pepermunt • Stevia & vlierbessen
Kurkuma • Saffraan, honing & kokos
Spirulina & pepermunt • Cacao & cayenne
Valeriaanwortel & lavendel
Kruidige amandel & dadel • Maca & pecan

KLAVER, CITROEN & SALIE

Voor: 1 – Kooktijd: 8 minuten

INGREDIËNTEN

60 g verse salieblaadjes
3 eetlepels verse klaverbloemen of 1½ eetlepel klaverthee
schil en sap van ½ citroen • 10 kruidnagels • 2 theelepels honing

Deze kruidenthee kan verlichting geven bij hoest.

K *Kalmerend* E *Geeft energie* S *Goed voor de spijsvertering*

Doe de salie, klaver, citroenschil en kruidnagels in een pan. Schenk er 500 ml water over en breng aan de kook. Laat 8 minuten zacht koken. Giet door een zeef en voeg citroensap en honing toe. Drink 4 keer per dag een half glas van deze heilzame thee.

GROENE THEE MET CITROENSCHIL

Voor: 1 – Trekken: 6-7 minuten

INGREDIËNTEN

2 eetlepels groene thee of 1 theezakje • 5 cm citroenschil
1 theelepel honing • 1 eetlepel citroensap

Groene thee zit vol antioxidanten die het immuunsysteem een flinke opkikker kunnen geven.

I *Boost voor het immuunsysteem* V *Vochtafdrijvend* ZN *Zuivert de nieren*

Schenk 250 ml kokend water over de ingrediënten en laat 6-7 minuten trekken. Giet door een zeef, roer en drink langzaam op. Als je losse theeblaadjes gebruikt, gooi ze dan niet weg; je kunt ze voor nog een paar glazen thee gebruiken.

CITROEN

Voor: 1 – Trekken: 3 minuten

INGREDIËNTEN

6 plakjes citroen • schil van 1 citroen • 2 theelepels honing

Citroen zuivert het bloed en heeft antibacteriële eigenschappen.

RV *Rijk aan vitaminen* OR *Ontstekingsremmend* AL *Alkalisch*

Schenk 500 ml kokend water over de plakjes citroen en citroenschil en laat 3 minuten trekken. Roer, giet door een zeef en roer de honing erdoor. Drink 3-4 eer per dag een half glas van deze citroenthee, warm of koud.

MAJORAAN & GEMBER

Voor: 1 – Trekken: 5 minuten

INGREDIËNTEN

2 eetlepels verse majoraanblaadjes • 2,5 cm gember, geschild en fijngesneden
2 eetlepels verse citroenverbenablaadjes • 4 kruidnagels • sap van ½ citroen
4 verse muntblaadjes • 2 theelepels honing

Deze kruidenthee geeft verlichting bij pijnlijke been-, rug- en nekspieren en bij brandend maagzuur. Bovendien is het goed voor de nachtrust.

S *Goed voor de spijsvertering* AB *Antibacterieel* K *Kalmerend*

Schenk 500 ml kokend water over de majoraan, gember, citroenverbena en kruidnagels. Roer er dan het citroensap, de munt en honing door. Laat 5 minuten trekken. Drink vier keer per dag een half glas van deze heilzame thee.

MUNT, KARWIJ & VENKEL

Voor: 2 – Trekken: 5 minuten

INGREDIËNTEN

2 eetlepels verse muntblaadjes • 2 eetlepels verse citroenverbenablaadjes
1 theelepel karwijzaad, lichtgekneusd • 1 theelepel venkelzaad, lichtgekneusd

Dit is een kruidenthee die van pas kan komen
als je spijsvertering van slag is.

Z *Zuiverend* OG *Ontgift* K *Kalmerend*

Doe alle ingrediënten in een theepot en schenk er 500 ml kokend water over. Laat 5 minuten trekken. Giet door een zeef. Drink 3-4 keer per dag een kwart glas van deze warme thee.

NOOTMUSKAAT & GEMBER

Voor: 1 – Trekken: 5 minuten

INGREDIËNTEN

1 theelepel versgeraspte nootmuskaat • 2 eetlepels versgeraspte gember
sap van ½ citroen

Deze kruidenthee helpt bij kleine pijntjes. Let op: nootmuskaat is erg krachtig, dus drink deze thee niet dagelijks.

S *Goed voor de spijsvertering* H *Huidherstellend* K *Kalmerend*

Schenk 500 ml kokend water over de nootmuskaat en gember en roer het citroensap erdoor. Laat 5 minuten trekken en giet dan door een zeef. Drink 3-4 keer per dag een half glas hete thee.

OREGANO & GEMBER

Voor: 1 – Trekken: 8 minuten

INGREDIËNTEN

2 eetlepels verse oreganoblaadjes • 1 teen knoflook, in dunne plakjes
2,5 cm gember, geschild en geraspt • sap van ½ citroen

Deze kruidenthee werkt als een antibioticum.

TI *Tegen infecties* RV *Rijk aan vitaminen* OF *Opfrisser*

Schenk 500 ml kokend water over de ingrediënten en laat 8 minuten trekken. Giet door een zeef. Drink 4 keer per dag een half glas van deze heilzame thee, warm of koud.

ROZENBOTTEL & KANEEL

Voor: 1 – Trekken: 5 minuten

INGREDIËNTEN

4 eetlepels gedroogde rozenbottel • 2,5 citroenschil
1 theelepel geraspte gember • sap van ½ citroen • ½ theelepel kaneel
1 theelepel honing

Rozenbottel heeft een heerlijke geur en kan moeheid en spanningen verminderen.

I *Boost voor het immuunsysteem* S *Goed voor de spijsvertering* SV *Stressverlagend*

Doe de rozenbottel, citroenschil en gember in een theepot. Schenk er 500 ml kokend water over en roer het citroensap en de honing erdoor. Laat 5 minuten trekken en giet dan door een zeef. Drink 4 keer per dag een half glas van deze heilzame thee, warm of koud.

ROZEMARIJN & HONING

Voor: 1 – Trekken: 7 minuten

INGREDIËNTEN

1 takje verse rozemarijn • 1 theelepel honing

Een puur rozemarijndrankje heeft een opwekkende en verwarmende werking.

J *Verjongend* OR *Ontstekingsremmend* BZ *Bloedzuiverend*

Schenk 500 ml kokend water over de rozemarijn en laat 7 minuten trekken. Roer de honing erdoor en giet door een zeef. Drink 4 keer per dag een half glas van deze heilzame thee, warm of koud.

SALIE & PEPERMUNT

Voor: 1 – Trekken: 6 minuten

INGREDIËNTEN

takje verse pepermunt van 5 cm • 12 verse salieblaadjes
sap van ½ citroen • 1 theelepel honing

Deze heilzame thee helpt je geheugen te versterken en is lekker troostrijk. Drink deze thee niet langer dan 10 dagen achtereen; las dan een pauze in van 2 of 3 dagen.

K *Kalmerend* S *Goed voor de spijsvertering* OF *Opfrisser*

Schenk 500 ml kokend water over de munt en salie en laat 6 minuten trekken. Roer de citroen en honing erdoor. Drink 4 keer per dag een half glas van deze hete thee.

STEVIA & VLIERBESSEN

Voor: 1 – Kooktijd: 15 minuten

INGREDIËNTEN

2 eetlepels grofgesneden steviablad • 2 eetlepels gedroogde vlierbessen
5 cm citroenschil

Dit drankje kan helpen bij vermoeidheid.

E *Geeft energie* RB *Reguleert het bloed* AB *Antibacterieel*

Doe de ingrediënten in een pan met 440 ml water en breng langzaam aan de kook. Leg het deksel erop en laat 15 minuten zacht koken. Giet door een zeef. Drink twee keer per dag een half glas van deze heilzame thee, warm of koud.

KURKUMA

Voor: 1 – Kooktijd: 15 minuten

INGREDIËNTEN

2 theelepels kurkuma (geelwortel) • 1 theelepel anijszaad
sap van ½ citroen • 440 ml kokoswater

Dit drankje helpt de spijsvertering en reinigt de lever.

S *Goed voor de spijsvertering* **OR** *Ontstekingsremmend* **CV** *Cholesterolverlagend*

Doe de ingrediënten in een pan en breng ze langzaam aan de kook. Laat 15 minuten zachtjes koken. Giet door een zeef. Drink met kleine slokjes vier keer per dag een half glas van deze heilzame thee, warm of koud.

SAFFRAAN, HONING & KOKOS

Voor: 1 – Kooktijd: 15 minuten

INGREDIËNTEN

Snufje saffraan • 440 ml kokoswater • 1 theelepel honing

Saffraan kan werken als antidepressivum.

RB *Reguleert het bloed* S *Goed voor de spijsvertering* K *Kalmerend*

Doe de ingrediënten in een pan en breng langzaam aan de kook. Laat 15 minuten zacht koken. Haal van het vuur, roer en giet door een zeef. Drink met kleine slokjes vier keer per dag een half glas van deze heilzame thee, warm of koud.

SPIRULINA & PEPERMUNT

Voor: 1 – Trekken: 5 minuten

INGREDIËNTEN

2 eetlepels verse pepermuntblaadjes • 2 eetlepels spirulina • sap uit ½ citroen

Spirulina is rijk aan antioxidanten en helpt
het immuunsysteem te versterken.

Z *Zuiverend* RB *Reguleert het bloed* OR *Ontstekingsremmend*

Schenk 500 ml kokend water over de ingrediënten en laat
5 minuten trekken. Giet door een zeef. Drink vier keer per dag
een half glas van deze heilzame thee, warm of koud.

CACAO & CAYENNE

Voor: 1 – Trekken: 5 minuten

INGREDIËNTEN

1 eetlepel cacaonibs • snufje cayennepeper • 1 theelepel honing

Cayennepeper zet je lichaam aan tot actie; drink deze thee als je wel wat extra energie kunt gebruiken.

E *Geeft energie* S *Stimuleert* GB *Goed voor het bloed*

Schenk 500 ml kokend water over de cacao en cayennepeper en laat 5 minuten trekken. Roer de honing erdoor en giet door een zeef. Drink elke vier uur met kleine slokjes een half glas van deze heilzame thee, warm of koud.

VALERIAANWORTEL & LAVENDEL

Voor: 1 – Trekken: 8 minuten

INGREDIËNTEN

1 eetlepel lavendel • 1 eetlepel valeriaanwortel • 1 eetlepel honing

Dit drankje is een heilzaam slaapmutsje; je wordt er lekker slaperig van.

A *Vermindert angsten* K *Kalmeert* R *Geeft rust*

Schenk 500 ml kokend water over de ingrediënten en laat 8 minuten trekken. Giet door een zeef en roer door. Drink vier keer per dag een half glas van deze heilzame thee, warm of koud.

KRUIDIGE AMANDEL & DADEL

Voor: 1 – Kooktijd: 15 minuten

INGREDIËNTEN

2 eetlepels amandelen • 3 dadels, ontpit • 1 theelepel kaneel

Van amandelen wordt gezegd dat ze het libido verhogen. Dadels geven energie.

E *Geeft energie* S *Stimuleert* S *Goed voor de spijsvertering*

Doe alle ingrediënten in een blender met 250 ml water en pureer tot het een glad mengsel is. Doe dit in een pan met nog een keer 250 ml water en breng langzaam aan de kook. Laat 15 minuten zacht koken. Giet door een zeef en drink elke 4 uur een half glas van deze warme, heilzame thee.

MACA & PECAN

Voor: 1 – Kooktijd: 15 minuten

INGREDIËNTEN

2 eetlepels macapoeder • 1 eetlepel pecannoten • 1 theelepel honing

Macapoeder is goed voor de hormoonhuishouding
en voor het uithoudingsvermogen.

J *Verjongend* Z *Zuiverend* GB *Goed voor het bloed*

Doe het macapoeder en de pecannoten in de blender met 250 ml koud water en pureer tot het een glad mengsel is. Schenk in een pan en voeg de honing toe. Breng langzaam aan de kook en laat zachtjes 15 minuten koken. Haal van het vuur en giet door een zeef. Drink elke 4 uur een half glas van deze warme, heilzame thee.

ZUIVERENDE LONGDRINKS

Cleansers vol verfrissende en lichte ingrediënten die helpen bij het ontgiften en rehydrateren van je lichaam.

Chia, komkommer & aloë vera
Citroentijm & meloen • Peterselie & watermeloen
Selderij • Komkommer & munt
Kliswortel & koriander

CHIA, KOMKOMMER & ALOË VERA

Voor: 1 – Koeltijd: 8 uur

INGREDIËNTEN

½ komkommer, in plakjes • 2 eetlepels aloë vera • 1 eetlepel chiazaad

Dit zuiverende drankje zit vol omega 3-vetzuren en bevat ook wat proteïne.

OG *Ontgift* R *Rehydraterend* Z *Zuiverend*

Doe de ingrediënten met 300 ml water in een kan en zet deze een nacht in de koelkast. Schud 's morgens of roer door en drink gedurende de dag met kleine slokjes op.

CITROENTIJM & MELOEN

Voor: 1 – Koeltijd: 30 minuten

INGREDIËNTEN

100 g groene meloen, zoals honingmeloen, in stukjes • 240 ml druivensap
20 g verse takjes citroentijm • ijsblokjes

Deze verjongende cleanser verlicht rugpijn en zere schouders.

K *Kalmerend* GB *Goed voor het bloed* I *Boost voor het immuunsysteem*

Pureer de meloen met het druivensap in de blender. Schenk 250 ml kokend water over de citroentijm en laat afkoelen. Giet door een zeef in een kan. Roer het druivensapmengsel erdoor en schenk over ijsblokjes in een glas.

PETERSELIE & WATERMELOEN

Voor: 1 – Bereiding: 5 minuten

INGREDIËNTEN

15 g peterselie, inclusief de steeltjes • sap van 1 citroen
1 komkommer, geschild en in blokjes • 250 g watermeloen

Peterselie bevat veel vitamine C en calcium.

OF *Opfrisser* H *Hydraterend* RV *Rijk aan vitaminen*

Doe de ingrediënten in een blender en schenk er, als dat nodig is, wat water bij. Giet door een zeef in een glas en drink op.

SELDERIJ

Voor: 1 – Trekken: 5 minuten

INGREDIËNTEN

2 wortels, grofgesneden • 10 plakjes komkommer • 5 takjes verse peterselie
30 g selderijblaadjes • 15 g venkelgroen • 1 theelepel selderijzaad
sap van 1 citroen

Deze cleanser is rijk aan calcium.

Z *Zuiverend* OG *Ontgift* J *Verjongend*

Doe de wortel, komkommer en peterselie met 50 ml water in de blender en pureer. Giet door een zeef in een kan. Schenk 250 ml kokend water over de selderijblaadjes en het venkelgroen, voeg het selderijzaad toe en laat 5 minuten trekken. Giet door een zeef en laat afkoelen. Roer de gepureerde groente erdoor. Voeg het citroensap toe en drink koud op.

KOMKOMMER & MUNT

Voor: 1 – Trekken: 1 uur

INGREDIËNTEN

½ komkommer, in plakjes • 1 theelepel geraspte gember • snufje cayennepeper
1 handje muntblaadjes • sap van 1 limoen • ijsblokjes

Deze cleanser bevat veel vitamine A, C en K
en is rijk aan calcium en kalium.

R *Rehydraterend* OR *Ontstekingsremmend* S *Goed voor de spijsvertering*

Doe alle ingrediënten, behalve de ijsblokjes, in een kan en schenk er koud water over. Laat 1 uur trekken. Schenk in een glas met wat ijsblokjes erin.

KLISWORTEL & KORIANDER

Voor: 1 – Trekken: 5 minuten

INGREDIËNTEN

1 eetlepel kliswortel • ½ komkommer, in plakjes
2 stengels bleekselderij, gehalveerd en in stukjes
1 theelepel gemalen korianderzaad • ½ citroen, in plakjes

Kliswortel kan helpen bij hoge bloeddruk en gewrichtspijn.

Z *Zuiverend* H *Huidherstellend* OR *Ontstekingsremmend*

Schenk 500 ml kokend water over de kliswortel en laat 5 minuten trekken. Giet door een zeef en laat afkoelen. Pureer deze thee in de blender met de komkommer, bleekselderij en koriander tot het een glad mengsel is. Schenk in een glas, voeg plakjes citroen toe naar smaak, roer goed door en drink langzaam op.

INDEX

Dankwoord

Allereerst wil ik mijn dank uitspreken aan Mirabilia, voor hun heerlijke olijfbladthee uit het Italiaanse Abruzzo (www.oleaft.com). Ook ben ik veel dank verschuldigd aan Tom Westerich, voor het gebruik van zijn prachtige fotostudio, aan Deirdre Rooney voor die fantastische fotoshoot en foto's, aan Kathy Seer voor haar geduld en Michelle Tilly voor de vormgeving. Met veel plezier heb ik aan dit boek gewerkt; veel dank aan Catie Ziller die dit alles mogelijk heeft gemaakt.

Alle kruiden die in dit boek worden gebruikt zijn met de grootst mogelijke zorg geselecteerd en onderzocht. De auteur is niet verantwoordelijk voor eventuele mogelijke nadelige gevolgen door het gebruik ervan; waar de een veel baat heeft bij het gebruik van een kruid, kan het bij een ander een schadelijk effect hebben. De risico's zijn volledig voor rekening van de consument. Gebruik thee niet als alternatief voor een medische behandeling en drink het altijd met mate.

Becht, vijfde druk 2020

Oorspronkelijke titel: *Green teas and tonics*
Oorspronkelijke uitgever: Marabout, Parijs

Vormgeving: Michelle Tilly
Fotografie: Deirdre Rooney

Voor het Nederlandse taalgebied:

(e-mail: info@gottmer.nl)
Uitgeverij Becht maakt deel uit van de Gottmer Uitgevers Groep BV

Vertaling: Roselle de Jong
Redactie: Arianne Raamstijn
Zetwerk: Studio Nico Swanink, Haarlem

ISBN 978 90 230 1494 2 / NUR 440

www.becht-boeken.nl